HYMNES DU SOLDAT

Y

FRANÇAISE ET ÉTRANGÈRE

E ROYALE-SAINT-HONORÉ.

—

1865

HYMNES DU SOLDAT

VERSAILLES,

IMPRIMERIE CERF, RUE DU PLESSIS, 59.

HYMNES DU SOLDAT

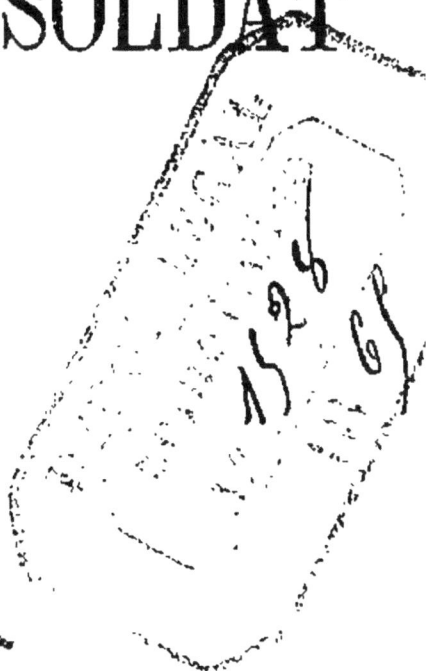

LIBRAIRIE FRANÇAISE ET ÉTRANGÈRE

25, RUE ROYALE-SAINT-HONORÉ.

—

HYMNES DU SOLDAT

1. Soldats de Christ.

1

Soldats de Christ, au combat! au combat!
L'ennemi règne où doit régner le Père.
Ne cherchons pas aujourd'hui sur la terre
Les saints loisirs de l'éternel sabbat.

2

Jusqu'à ce jour l'empire du péché
A peu souffert de nos rares atteintes;
Le monde a dit : « Leurs lampes sont éteintes !
A l'occident leur soleil a touché ! »

3

Serait-il vrai? Non, Jésus est Seigneur;
Il a créé les siècles pour sa gloire.
Il doit régner; nous aurons la victoire;
Nos armes sont les armes d'un vainqueur.

4

Vivons de foi, d'espoir, de charité,
Et nous verrons s'étendre nos conquêtes.
Déjà, chrétiens, se lèvent sur nos têtes
Les jours de gloire et d'immortalité.

5

Et toi, Seigneur, notre bien-aimé roi,
Qui nous acquis de ton sang, de la vie,
Conduis nos pas, éclaire, fortifie
Tes rachetés qui combattent pour toi.

2. La Bonne Nouvelle.

1

Une bonne nouvelle
  Descend des cieux;
Pécheur, Jésus t'appelle :
  Lève les yeux!
Chargé de ta misère,
De tes péchés confus,
Viens à Jésus, mon frère,
  Viens à Jésus!

2

Ce bon Jésus lui-même
  Te racheta,
Il montra comme il t'aime
  A Golgotha.
Au sang qui purifie
Les cœurs souillés, perdus,
Que ton cœur se confie.
  Viens à Jésus!

3

Celui que Jésus lave
  De son péché,
Au dur joug de l'esclave
  Est arraché.
Jésus, qui te pardonne,
Te dit : ne pèche plus!
Son Esprit il te donne;
  Viens à Jésus!

4

De sa miséricorde
  Jésus fait don ;
A qui croit il accorde
  Un plein pardon.

Hâte-toi, le temps passe,
Passe et ne revient plus !
Aujourd'hui jour de grâce,
   Viens à Jésus !

5

Viens, que rien ne t'arrête,
   Viens à l'instant ;
Ta délivrance est prête :
   Jésus t'attend.
En lui si tu veux croire,
Tes péchés ne sont plus,
Et tu peux chanter : Gloire,
   Gloire à Jésus !

3. Christ pour toi.

1

Pécheur, approche ;
Pécheur, viens et crois !
L'Agneau sans reproche,
Pour toi, meurt en croix !

De sa mort n'accuse,
Ni Juifs, ni Romains;
Ton orgueil t'abuse,
Tu clouas ses mains.

2

Lui, prince auguste,
Pour toi s'appauvrit;
Lui, le saint, le juste,
Ta peine il souffrit.
Il but la colère
Due à tes péchés,
Au bois du Calvaire
Vois-les attachés.

Pécheur, approche, etc.

3

Il ressuscite
Pour plaider pour toi!
Du ciel il t'invite :
Oh! viens par la foi!
Qui croit à la vie :
Crois donc aujourd'hui!
Jésus te convie :
Pécheur, viens à lui!

Pécheur, approche ;
Pécheur, crois et dit :
Agneau sans reproche,
Tu mourus ! je vis !

---

4. Tel que je suis.

1

Tel que je suis, pécheur rebelle,
Au nom du sang versé pour moi,
Au nom de ta voix qui m'appelle,
Jésus, je viens à toi !

2

Tel que je suis — dans ma souillure
Ne cherchant nul remède en moi,
Ton sang lave mon âme impure,
Jésus, je viens à toi !

3

Tel que je suis — avec mes luttes,
Mes craintes, ma timide foi,

Avec mes doutes et mes chutes.
Jésus, je viens à toi!

4

Tel que je suis — je me réclame,
De ta promesse, par la foi ;
Au ciel tu recevras mon âme,
Jésus, je viens à toi !

5

Tel que je suis — ton sacrifice
A ma place accomplit la loi,
Justifié par ta justice,
Jésus, je viens à toi !

6

Tel que je suis — Dieu me convie,
O! mon Sauveur! pour être à toi,
A toi dans la mort, dans la vie,
Jésus, je viens à toi!

5. Source féconde.

1

Source féconde,
Salut du monde,
Le sang de Christ est répandu.
Ce divin frère
Sur le Calvaire,
Est mort pour l'homme perdu.
Chœur. Oui, je puis croire,
Oui, je veux croire,
Que Jésus-Christ est mort pour moi !
Sa mort sanglante,
Et triomphante,
Me rend libre par la foi !

2

En Jésus joie !
Il est la voie
Qui nous mène toujours au but !
Jésus pardonne,
Il n'est personne
Qu'il repousse du salut.
Chœur. Oui, je puis croire, etc.

3

Ame flétrie,
Jésus convie
Les pécheurs les plus dissolus:
Sa grâce immense
Donne assurance
Au cœur qui croit en Jésus.
Chœur. Oui, je puis croire, etc.

4

Jour mémorable
Pour le coupable !
Le malfaiteur près de Jésus
Trouve sa grâce
Sainte, efficace,
Sa part avec les élus.
Chœur. Oui, je puis croire, etc.

5

Du Fils la fête
Est toujours prête :
Le festin de noce est pour nous.
Il nous invite
Entrons de suite :
Goûtons son accueil si doux.
Chœur. Oui, je puis croire, etc.

6. Il est en Israël.

1

Il est en Israël une source abondante
Qu'Emmanuel remplit de son sang précieux,
Et tout mortel qui met en lui seul son attente
Y lave pour jamais ses péchés odieux.

2

Divin Agneau de Dieu! du sang de l'alliance,
Répandu sur la croix pour de pauvres pécheurs
Jusqu'à la fin des temps durera la puissance,
Et tous les rachetés seront plus que vainqueurs.

3

Le brigand converti trouva dans ce refuge
Une espérance vive à ses derniers moments.
Coupable comme lui, tremblant devant mon juge,
C'est là que j'ai cherché la fin de mes tourments.

Misérable et pécheur, j'ai la ferme assurance
D'un salut tout gratuit à grand prix acheté.
L'Évangile au captif promet la délivrance ;
Au malade, au mourant, il promet la santé.

5

Je reprendrai mes chants dans un plus doux langage
Quand la mort aura clos mes lèvres pour jamais;
Et mon âme, échappée à son dur esclavage,
Changera d'instrument et non pas de sujet.

6

Sur une harpe d'or, par mon Dieu préparée,
Je chanterai l'amour et le nom glorieux
Du Berger qui chercha sa brebis égarée,
Et la prit dans ses bras pour la porter aux cieux.

---

7. Chef couvert de blessures.

1

Chef couvert de blessures
Tout meurtri, tout en sang;
Chef accablé d'injures,
D'opprobre, de tourment!
De la gloire divine
Autrefois couronné;

C'est maintenant d'épine
Que ton front est orné !

2

Des envieux la rage
S'acharne contre toi ;
Ils crachent au visage
De leur Christ, de leur Roi !
On t'accable d'injures,
On te comble d'horreurs,
Ton corps n'est que blessures,
Tu meurs dans les douleurs !

3

C'est ainsi que tu paies
L'amende de ma paix.
Ces langueurs et ces plaies
Moi, je les méritais.
Vois l'âme criminelle
A tes pieds, bon Sauveur !
Daigne jeter sur elle
Ton regard de faveur.

4

Prends mon âme et l'embrasse,
O toi, seul bon Pasteur!

Ah ! quel trésor de grâce
Je trouve en ta douleur !
Mourant pour mon offense,
Tu m'acquis, ô Jésus !
Du cœur, la renaissance,
Et l'éternel salut.

5

Ah! pour ton agonie,
Pour ta vive douleur,
Je veux, toute la vie
Te bénir, mon Sauveur !
Ta grâce est éternelle,
Et rien jusqu'à la fin
Ne pourra, Dieu fidèle,
Me ravir de ta main.

8. Oh! quel amour !

1

Jésus est notre ami suprême,
Oh! quel amour !

Mieux qu'un tendre frère il nous aime ;
   Oh ! quel amour !
Ici, parents, amis, tout passe :
Le bonheur paraît et s'efface ;
Son cœur seul jamais ne se lasse ;
   Oh ! quel amour !

2

Il s'est offert en sacrifice :
   Oh ! quel amour !
Nous bénir est tout son délice :
   Oh ! quel amour !
Qu'à sa voix notre âme attentive,
Toujours en paix, jamais craintive,
Près de son cœur doucement vive.
   Oh ! quel amour !

3

Il est notre vie éternelle ;
   Oh ! quel amour !
Célébrons son œuvre immortelle ;
   Oh ! quel amour !
Par son sang notre âme est lavée,
Au désert il l'avait trouvée
En son bercail il l'a sauvée ;
   Oh ! quel amour !

9. L'Éternel est ma part.

1

L'Eternel est ma part, mon salut, mon breuvage,
Il a fixé mon lot dans un bel héritage.
Ma langue, égaie-toi! réjouis-toi, mon cœur!
Entonne un chant d'amour, Jésus est ton Sauveur!

2

Rebelle, je vivais au milieu des rebelles;
Mais Jésus-Christ m'a vu des voûtes éternelles;
Il a quitté les cieux pour sauver un pécheur.
Mon âme, égaie-toi! Jésus est ton Sauveur!

3

Ma dette envers Dieu m'entraînait dans l'abîme,
L'inexorable loi saisissait sa victime :
Un sang d'un prix immense apaise sa fureur.
Mon âme, égaie- toi! Jésus est ton Sauveur!

4

Je tombe, chaque jour, en ma grande misère;
Mais Christ, plaide pour moi, debout devant le Père.
Il lui montre sa croix pour couvrir mon erreur.
Mon âme, égaie-toi! Jésus est ton Sauveur!

5

Satan de ses fureurs me fait sentir l'atteinte ;
Jésus étend son bras, m'enlève à son étreinte,
Et, me mettant en paix, le frappe de terreur.
Mon âme, égaie-toi ! Jésus est ton Sauveur !

6

Qu'il est bon de t'avoir, Jésus ! pour sacrifice,
Pour bouclier, pour roi, pour soleil, pour justice !
Qu'elle est douce la paix dont tu remplis le cœur !
Mon âme, égaie-toi ! Jésus est ton Sauveur !

10. Hosanna !

1

Hosanna ! Béni soit le Sauveur débonnaire,
Qui pour nous plein d'amour descend du sein du Père !
Béni soit le Seigneur qui vient des plus hauts cieux
Apporter aux humains un salut glorieux.

2

Hosanna ! Béni soit le Prince de la vie !
Que de joie, en son nom, notre âme soit ravie !
Qu'en des chants tout nouveaux elle éclate aujourd'hui
Que tout enfant de Dieu tressaille devant lui !

3

Hosanna ! Béni soit Jésus, notre justice !
Pour nous, pour nos péchés, il s'offre en sacrifice.
Ce Seigneur tout-puissant, ce Roi de tous les rois,
Pour nous, pauvres pécheurs, vient mourir sur la croix.

4

Hosanna ! Rachetés, peuple franc et fidèle,
Répétons Hosanna ! dans une ardeur nouvelle
C'est notre hymne d'amour ; c'est notre chant de paix.
Que ce chant parmi nous retentisse à jamais !

---

11. Que ne puis-je, ô mon Dieu !

1

Que ne puis-je, ô mon Dieu ! Dieu de ma délivrance,
Remplir de ta louange et la terre et les cieux,
Les prendre pour témoin de ma reconnaissance,
Et dire au monde entier combien je suis heureux !

2

Heureux, quand je t'écoute, et que cette Parole
Qui dit : « Lumière, soit ! » et la lumière fut,
S'abaisse jusqu'à moi, m'instruit et me console,
Et me dit : « C'est ici le chemin du salut ! »

3

Heureux, quand je te parle ; et que, de ma poussière
Je fais monter vers toi mon hommage ou mon vœu,
Avec la liberté d'un fils devant son père,
Et le saint tremblement d'un pécheur devant Dieu !

4

Heureux, lorsque ton jour, ce jour qui vit éclore
Ton œuvre du néant et ton Fils du tombeau,
Vient m'ouvrir les parvis où ton peuple t'adore,
Et de mon zèle éteint rallumer le flambeau !

5

Heureux, quand sous les coups de ta verge fidèle,
Avec amour battu, je souffre avec amour ;
Pleurant, mais sans douter de ta main paternelle ;
Pleurant, mais sous la croix ; pleurant, mais pour un jour.

6

Heureux, lorsqu'attaqué par l'ange de la chute,
Prenant la croix pour arme et l'Agneau pour Sauveur,
Je triomphe à genoux, et sors de cette lutte
Vainqueur, mais tout meurtri, tout meurtri, mais vaiqueu!

7

Heureux, toujours heureux ! j'ai le Dieu fort pour Père,
Pour frère Jésus-Christ, pour guide l'Esprit-Saint !
Que peut ôter l'enfer, que peut donner la terre,
A qui jouit du ciel et du Dieu trois fois saint ?

12. Heureux jour.

1

Béni soit le jour où j'ai fait
  Choix de Jésus pour maître.
Je veux célébrer le bienfait
  Qui vient de m'apparaître.
    Heureux jour (*bis.*)
Où j'ai connu tout son amour ;
Sauvé par son divin secours
A lui je me donne en retour.
    Heureux jour (*bis*).
Où j'ai connu tout son amour.

2

O divine compassion !
  Le Bien-Aimé du Père
Lui-même a payé ma rançon
  Sur la croix du Calvaire.
    De la mort (*bis.*)
Jésus-Christ a vaincu l'effort ;
Mon âme accepte avec transport
Le salut qu'offre le Dieu fort.

De la mort (*bis*).
Jésus-Christ a vaincu l'effort.

3

Son amour m'est venu chercher
Quand je fuyais sa face ;
Il s'est chargé de mon péché,
Par lui j'ai trouvé grâce.
Tout joyeux (*bis.*)
Je veux le redire en tous lieux :
Mes chants monteront jusqu'aux cieux,
S'unir aux chants des bienheureux.
Tout joyeux (*bis.*)
Je veux le redire en tous lieux.

4

Maintenant à ton Rédempteur
Consacré sans partage,
Repose près de lui, mon cœur,
A l'abri des orages.
Sans regret (*bis.*)
Loin du monde et de ses attraits.
Goûtant la véritable paix
Que l'enfant de Dieu seul connaît.
Sans regret (*bis.*)
Loin de ce qu'autrefois j'aimais.

13. Oh! que ton joug est facile!

1

Oh! que ton joug est facile!
Oh! combien j'aime ta loi!
Dieu saint, Dieu de l'Évangile,
Elle est toujours devant moi.
De mes pas, c'est la lumière,
C'est le repos de mon cœur;
Mais pour la voir tout entière, ⎫
Ouvre mes yeux, bon Sauveur. ⎬ *Bis.*

2

Non, ta loi n'est point pénible
Pour quiconque est né de toi ;
Toute victoire est possible
A qui combat avec foi.
Seigneur, dans ta forteresse
Aucun mal ne m'atteindra ;
Si je tremble en ma faiblesse, ⎫
Ta droite me soutiendra. ⎬ *Bis.*

3

D'un triste et rude esclavage
Affranchi par Jésus-Christ,
J'ai part à ton héritage,
Aux secours de ton Esprit.
Au lieu d'un maître sévère
Prêt à juger et punir,
Je sers le plus tendre Père
Toujours prêt à me bénir. } *Bis.*

4

Pour les sages de ce monde
Tous tes trésors sont voilés ;
Mais dans ta bonté profonde
Tu me les as révélés.
Tu donnes l'intelligence
Au moindre de tes enfants.
Ah ! de ce bienfait immense
Rends-nous donc reconnaissants. } *Bis.*

5

Dieu qui guides, qui consoles,
J'ai connu que le bonheur
C'est de garder tes paroles,
Et je les serre en mon cœur.

Fais-moi marcher en ta voie
Et me plaire en tes statuts;
Si je cherche en toi ma joie,
Je ne serai pas confus.   } *Bis.*

---

14. C'est dans la paix.

1

C'est dans la paix que tu dois vivre,
Enfant de Dieu, disciple du Sauveur.
Par son esprit ton âme doit le suivre
   Sur le sentier de la douceur.
Si contre toi s'élève quelqu'offense,
Si l'on te hait, si l'on veut t'opprimer,
   Ferme ton cœur à la vengeance :
   Comme ton Dieu tu dois aimer.

2

Bien loin de toi que toute haine,
Que tout dépit soit toujours repoussé;
Souffre en repos et l'insulte et la peine,
   Et sans orgueil sois abaissé.

Oui, pour Jésus, pour ce Roi débonnaire,
Reçois le coup le plus humiliant:
  Bois jusqu'au fond la coupe amère :
  Comme ton Dieu sois patient.

3

  Ne sais-tu pas quelle est sa grâce?
Que de péchés son amour t'a remis !
Qu'ainsi jamais ton support ne se lasse
  Envers tes plus grands ennemis.
S'ils sont cruels, si leurs haines s'attisent
De ta bonté rouvre-leur le trésor.
  S'ils sont hautains, s'ils te méprisent,
  Comme ton Dieu pardonne encor.

4

  Ce n'est pas toi que hait le monde :
C'est ton Sauveur qu'ils ne connaissent pas.
Ah ! plains-les donc; leur misère est profonde :
  Contre Dieu se lève leur bras.
Tends-leur la main au bord du précipice;
S'ils sont tombés, cours et sois leur soutien;
  Et pour punir leur injustice,
  Comme ton Dieu fais-leur du bien.

15. Oh ! Chrétien voyageur !

1

Oh ! chrétien voyageur ! ne crains pas la tempête ;
Ne crains pas du midi les pesantes ardeurs.
Ne vois-tu pas Jésus, qui, dès longtemps apprête
Ce refuge où, vers lui, vont cesser les langueurs ?

2

Non, dans les sombres jours de ta marche pénible,
Jamais, ô Racheté ! tu n'es seul ici-bas.
Ton Berger, ton Sauveur, se tient, quoique invisible,
Sans cesse à tes côtés et veille sur tes pas.

3

Quoi ! peut-il ignorer que ton âme est souffrante,
Lui qui de tous tes maux supporte tout le poids ?
Ou bien retiendrait-il sa force consolante,
Lui qui pour tes péchés mourut sur une croix ?

4

Avance donc en paix : poursuis vers ta patrie
Le chemin que ton Dieu t'a lui-même tracé ;
Et pense que Jésus, dans le ciel, pour toi prie,
Lorsqu'ici tu te plains de fatigue oppressé.

16. Encor quelques jours.

1

Encor quelques jours sur la terre,
Encor quelque peu de misère,
Et vers son Dieu mon âme se rendra;
Je vois déjà le bout de la carrière
Où pour toujours mon combat finira.

2

Encor quelques maux, quelques larmes,
Quelques ennuis, quelques alarmes,
Et quelque temps de faiblesse et d'erreur,
Puis je verrai les ineffables charmes
De ce séjour où règne le Seigneur.

3

Encor un peu par tes vains songes
Et le néant où tu te plonges,
O monde impur! tu voudrais me tenter,
Bientôt pour moi finiront tes mensonges;
J'ai mon salut, tu ne peux me l'ôter.

4

Ainsi Jésus, plein d'espérance,
J'attends en paix, en assurance,
Selon ton gré la fin de mes travaux;
Tu vas venir, et ta toute-puissance
M'introduira dans l'éternel repos.

---

17. Pourquoi la tristesse.

1

Pourquoi la tristesse
Sur ton front rêveur?
Pourquoi la détresse
Dans ton pauvre cœur?
Élu de la vie,
Relève les yeux.
Jésus te convie
Au bonheur des cieux.

2

Est-ce ta misère
Qui fait ton tourment ?
Craindrais-tu, mon frère,
Le grand jugement ?
Eh bien ! plus de crainte !
Vois, clouée au bois,
La victime sainte ;
Regarde la croix.

3

Le diable te tente,
Et, troublant ta paix.
Avec l'épouvante
Te jette ses traits.
Tu n'as rien à craindre
Si tu sais prier.
Les dards vont s'éteindre
Sur ton bouclier.

4

Les coups sont terribles.
Le monde est ardent ;
Soyons invincibles
Par le Tout-Puissant !

A Christ soit la gloire,
Il est le vainqueur ;
Toute ma victoire
Est dans mon Sauveur.

18. Dans la patrie.

1

Dans la patrie éternelle,
Le repos enfin m'attend ;
Jésus l'a pour moi, rebelle,
Conquis au prix de son sang.

Chœur.

Jésus, Jésus m'y convie,
Il promet après la vie,
Dans mon heureuse patrie,
Le repos pour moi.
Au péché je suis en butte ;
Là, plus de mal, plus de chute,
Le repos après la lutte,
Le repos pour moi.

2

Il prépare ma demeure
Pour toute l'éternité ;
Quand viendra ma dernière heure,
Tout sera félicité.

Chœur.

Jésus, Jésus m'y convie, etc.

3

Jamais douleur ni tristesse
Ne seront près du Sauveur ;
Tout sera chant d'allégresse,
Tout sainteté, tout bonheur.

Chœur.

Jésus, Jésus m'y convie, etc.

4

Je verrai de Christ la gloire,
Et la mort ne sera plus ;
Triomphant par la victoire,
Je m'envole vers Jésus.

Chœur.

Jésus, Jésus m'y convie, etc.

5

Chantons, éclatons de joie,
Heureux héritiers du ciel,
Car au terme de la voie
Est un repos éternel.

Chœur.

Jésus, Jésus m'y convie, etc.

---

19. Serrons nos rangs!

1

Serrons nos rangs autour de notre Maître
Soyons unis, la victoire est à nous.
Par notre amour faisons à tous connaître
De notre Dieu combien le joug est doux.
Chœur. Frères, frères, son nom est amour;
Frères, frères, aimons-nous toujours!

2

C'est par amour qu'il entra dans notre âme,
C'est par amour qu'il lave nos péchés;

Nous embrasant d'une céleste flamme,
Que son amour nous retienne attachés.
Chœur. Frères, frères, etc.

3

Amour de Christ, insondable mystère,
Qui nous unit, et tous ensemble à Dieu !
Amour divin ! si doux sur cette terre !
Amour, amour ! oh ! que sera-ce aux cieux ?
Chœur. Frères, frères, son nom est amour ;
Frères, frères, aimons-nous toujours !

20. Levons-nous, frères !

1

Levons-nous, frères, levons-nous,
Car voici notre Maître :
Il est minuit, voici l'époux,
Jésus-Christ va paraître. (*Bis.*)

2

Avec les siens il vient régner
Et délivrer l'Église !

Bientôt il va la couronner
De la gloire promise. (*Bis.*)

3

Ne crains donc point, petit troupeau,
Toi que chérit le Père ;
Que toujours la croix de l'Agneau
Soit ta seule bannière. (*Bis.*)

4

Et si le monde est contre toi,
Ses mépris sont ta gloire ;
L'amour, l'espérance et la foi
Te donnent la victoire. (*Bis.*)

5

Gloire à Jésus-Christ, mon Sauveur !
Car en lui seul j'espère.
Heureux celui qui dans son cœur
L'adore et le révère ! (*Bis.*)

21. Avançons-nous !

1

Avançons-nous joyeux, toujours joyeux,
Vers le pays des esprits bienheureux,
Vers la demeure où Jésus pour nous prie,
Marchons joyeux, c'est là notre patrie,
Avançons-nous joyeux, toujours joyeux,
Vers le pays des esprits bienheureux !

2

Des chants d'amour retentissent aux cieux.
Quels doux concerts ! Harpes des bienheureux !
Nous entendrons votre sainte harmonie
Quand nous aurons atteint notre patrie.
Avançons-nous joyeux, toujours joyeux,
Vers le pays des esprits bienheureux.

3

Là haut, là-haut, tu nous attends, Seigneur.
Car c'est à toi qu'appartient notre cœur,
« Viens, ô Jésus » c'est le cri de l'Église ;
Recueille-nous dans la terre promise.

Là nous serons joyeux, toujours joyeux,
C'est le pays des esprits bienheureux !

4

Ton aiguillon, ô mort ! tu ne l'as plus,
Tombeau, déjà nous ne te craignons plus,
Jésus sur toi remporta la victoire,
Il nous ouvrit le chemin de la gloire,
Lui-même dit : « Accourez tous joyeux
Vers le pays des esprits bienheureux ! »

5

Heureux bientôt dans un monde nouveau,
Nous prendrons part au banquet de l'Agneau,
Là plus de cris, plus de deuil, plus de larmes,
Plus de péchés, de langueur, plus d'alarmes.
Là nous serons joyeux, toujours joyeux,
C'est le pays des esprits bienheureux !

22. Tenons nos lampes prêtes!

1

Tenons nos lampes prêtes,
Chrétiens, préparons-nous
Pour l'heure où les trompettes
Nous appelleront tous.
Chœur. Qu'à répondre on s'empresse :
Hosanna! Hosanna !
Et qu'avec allégresse
On chante : Alléluia! (*Bis*)

2

Si Christ est notre maître
Contre nous qui sera ?
En Le voyant paraître
Le démon s'enfuira.
Chœur. Qu'à répondre, etc.

3

Brûlez, célestes flammes,
Consumez le péché,

Illuminez nos âmes
D'une sainte clarté.
Chœur. Qu'à répondre, etc.

4

Nous aurons la victoire,
Par le ressuscité,
Et nous dirons sa gloire,
Toute l'Éternité.
Chœur. Qu'à répondre, etc.

----

23. Saints, levez vos yeux.

1

Saints, levez vos yeux,
La nuit n'est plus, voici l'aurore
Du jour glorieux
Où le Seigneur descend des cieux!
Bientôt, oui, bientôt Jésus apparaîtra :
Dans quels saints transports
Nous serons alors!

Nous verrons sa face, il nous transformera,
　　Que n'y sommes-nous déjà.
Chœur. Saints, levez vos yeux !
　　Le jour est près, voici l'aurore
　　　　Du jour glorieux
　　Où le Seigneur descend des cieux !

2

　　　Ah ! la nuit n'est plus,
　Nuit de péché, nuit de misère !
　　　Non, avec Jésus,
　Les rachetés ne pleurent plus !
Notre Dieu nous guérira de tous nos maux
　　　Dans ce beau séjour
　　　Où tout est amour,
　Et l'Agneau nous conduira aux vives eaux ;
　　Seigneur Jésus, viens bientôt !
Chœur. Saints, levez vos yeux, etc.

3

　　Nous retrouverons
　Ressuscités, tous ceux qui l'aiment.
　　Nous nous unirons
　Pour célébrer ses compassions.

Tous les cœurs en deuil alors seront joyeux ;
   Quiconque a pleuré
   Sera consolé.
De nos hymnes saints retentiront les cieux :
  Gloire, amour, louange à Dieu !
Chœur. Saints, levez vos yeux, etc.

---

24. Regard en haut.

1

Lasse de la misère
De ces terrestres lieux,
Seigneur, mon âme entière
Veut s'élever aux cieux.
J'ai soif de ta présence,
O saint ressuscité,
Soif de jours d'innocence
Et soif d'éternité.

2

Plus de deuil ni de larmes
Au céleste séjour,

Pour altérer les charmes
De l'éternel amour,
Sans cesse face à face
Nous verrons le Seigneur
Toujours nouvelle grâce,
Toujours nouveau bonheur.

3

A mon âme coupable
Devant ta sainte loi,
Ce bonheur ineffable
Est acquis par la foi.
Bientôt avec les Anges,
Prosterné devant toi,
Je dirai tes louanges,
O Jésus ! ô mon Roi !

4

Mais la brillante aurore,
De ce jour éclatant
N'apparaît point encore
Aux yeux de ton enfant,

Toi seul en connais l'heure,
Tu veux, en l'attendant,
Qu'ici bas je demeure
Et vive en te servant.

———

25. Du rocher de Jacob.

1

Du rocher de Jacob toute l'œuvre est parfaite.
Ce que sa bouche a dit sa main l'accomplira.
Alléluia! alléluia! (*bis.*)
Car il est notre Dieu (*ter*), notre haute retraite.

2

C'est pour l'éternité que le Seigneur nous aime;
Sa grâce en notre cœur jamais ne cessera.
Alléluia! alléluia! (*bis*)
Car il est notre espoir (*ter*), notre bonheur suprême.

3

De tous nos ennemis il sait quel est le nombre ;
Son bras combat pour nous et nous délivrera.
      Alléluia ! alléluia ! (*bis*)
Les méchants devant lui(*ter*)s'enfuiront comme une ombre

4

Notre sépulcre aussi connaîtra sa victoire :
Sa voix au dernier jour nous ressuscitera.
      Alléluia ! alléluia ! (*bis.*)
Pour nous, ses rachetés (*ter*), la mort se change en gloire.

5

Louons donc l'Éternel, notre Dieu, notre Père !
Le Seigneur est pour nous : contre nous qui sera ?
      Alléluia ! alléluia ! (*bis.*)
Triomphons en Jésus (*ter*), et vivons pour lui plaire.

INDEX

FIN

VERSAILLES. — TYP. CERF, RUE DU PLESSIS.

Versailles. — Imp. Cerf, rue du Plessis, 59.

www.ingramcontent.com/pod-product-compliance
Lightning Source LLC
LaVergne TN
LVHW022205080426
835511LV00008B/1586